D0101699

Llyfrgell CER
w

Ffiniau
ac Arfordir Ffydd

LLYFRGELL CEREDIGION LIBRARY

3802196323 7807

Llyfrgell Ceredigion
Ceredigion Library

Ffiniau
ac Arfordir Ffydd

Pryderi Llwyd Jones

y Lolfa

Argraffiad cyntaf: 2014

© Pryderi Llwyd Jones a'r Lolfa Cyf., 2014

*Mae hawlfraint ar gynnwys y llyfr hwn ac mae'n anghyfreithlon i
atgynhyrchu unrhyw ran ohono trwy unrhyw ddull ac at unrhyw
bwrpas (ar wahân i adolygu) heb ganiatâd ysgrifenedig y
cyhoeddwyr ymlaen llaw*

Cynllun y clawr: Y Lolfa

Rhif Llyfr Rhyngwladol:
978 1 84771 811 2

Cyhoeddwyd, argraffwyd a rhwymwyd yng Nghymru gan
Y Lolfa Cyf., Talybont, Ceredigion SY24 5HE
e-bost ylolfa@ylolfa.com
gwefan www.ylolfa.com
ffôn (01970) 832 304
ffacs 832 782

Diolchiadau

Yr wyf yn ddiolchgar i Fwrdd Darlith Davies am y fraint o gael traddodi'r Ddarlith Flynyddol yn y Gymanfa Gyffredinol yng Ngorffennaf 2012. Er bod bwriad eisoes i gyhoeddi cyfrol ar sail y ddarlith, yr oedd y ffaith ein bod, yn 2013, yn dathlu 75 mlynedd ers sefydlu Cymuned Iona yn fwy o ysgogiad i'w chyhoeddi fel darlith. Fel un a dreuliodd dair blynedd yn fyfyriwr yn yr Alban, fe gafodd Cymuned Iona fwy o ddylanwad arnaf nag yr oeddwn yn ei sylweddoli ar y pryd, ac y mae wedi parhau i'm hysbrydoli dros y blynyddoedd. Mae cyhoeddi'r ddarlith felly yn gydnabyddiaeth ac yn ddiolch am gyffro a gwefr y weledigaeth sydd wedi croesi ffiniau'r ffydd. Yng nghyfnod gosod sylfeini Canolfan y Morlan yn Aberystwyth, daeth John Bell atom ddwywaith i'n hysgogi gyda chaneuon ac ysbrydolrwydd deinamig Iona.

Yr wyf yn diolch i swyddogion Bwrdd Darlith Davies, Dr Huw Owen a'r Athro John Tudno Williams, am eu cefnogaeth a'u harweiniad, ac i'r Lolfa am fentro cyhoeddi ac am waith deniadol a graenus.

Cyflwyniad yw'r ddarlith, nid traethiad awdurdodol, ar daith tua'r gorwel, nad yw'n orwel ac nad yw'n darfod chwaith.

Pryderi Llwyd Jones
Ionawr 2014

Ffiniau ac Arfordir Ffydd

Cyflwyniad

Fe fydd y ddarlith hon yn sôn am sawl ffin/goror ac arfordir, ac mae ffiniau eraill na fydd cyfeiriad atynt. Mae yna groesi ffiniau cyson yn ein byd ac, eto, ffiniau yw achos cymaint o wrthdaro, ac i mi does yr un mudiad yn cyfleu hyn yn well na'r Médecins Sans Frontières (Meddygon Heb Ffiniau). Meddygon ydynt sy'n barod i fentro i'r sefyllfaoedd anoddaf yn y byd, ac wrth wneud hynny maent yn croesi ffiniau o bob math gan ddatgan nad oes ffiniau i dosturi ac angen, ac nad oes ffiniau i atal iachâd ac adferiad chwaith. Mae teitl y mudiad, heb sôn am y gwaith gan y 25,000 o weithwyr, yn ein hatgoffa o eiriau Eseia (40.13): 'Pwy a esyd derfyn i ysbryd yr Arglwydd?'[1]

Darlith ydyw am Dduw diderfynau, Duw 'cariad fel y moroedd', ac ni allwn wneud dim mwy na cherdded yr arfordir, gwlychu ein traed neu nofio rhywfaint a mentro i'r dwfn. Gallwn gerdded llwybrau'r arfordir ac edrych i gyfeiriad y gorwel, gan wybod nad yw'r gorwel chwaith yn derfyn ond yn 'hen linell bell nad yw'n bod' neu, yng ngeiriau cyfoes y band U2, 'No line on the horizon.' Mae yna ffiniau sydd wedi eu troedio a'u croesi ac mae arfordiroedd fel arfordir Cymru (ac fe ellir ei gerdded i gyd bellach), Iwerddon a'r Alban yn rhan o'n hetifeddiaeth Gristnogol a'n pererindod ysbrydol. Yr ydym yn sôn mewn gwirionedd am ddiwinyddiaeth man a lle, ffin ac arfordir. Mae gwaith Thomas Traherne (ar y ffin rhwng Cymru a Lloegr), John O'Donohue (arfordir gorllewinol Iwerddon) ac, i raddau llai, Donald Evans (arfordir Cymru) yn enghreifftiau da o dirlun a daearyddiaeth, nid yn unig yn gefndir bywyd, ond yn ddelwedd neu'n ddarlun ystyrlon o'r ffydd a'r bywyd Cristnogol. Mae ffydd a gweledigaeth yr awduron hyn yn tarddu'n uniongyrchol o fywyd ar ffin a bywyd ar arfordir. Nid oes dim yn newydd yn hynny ond y mae'n parhau i fod yr un mor newydd ag erioed.

Mae'n werth oedi am funud i sôn am yr awdures Esther de Waal hefyd. Ar ôl treulio llawer iawn o'i phlentyndod yn ymweld â Swydd Henffordd – bro Thomas Traherne – ac yn llythrennol ar y ffin rhwng Cymru a Lloegr, yn ystod y blynyddoedd diwethaf y mae wedi penderfynu symud i fyw yno, yn Sir Fynwy y tro hwn ond eto yn parhau i fod ar y ffin. Mae'n byw lle mae dwy ffrwd fechan yn uno, y Cwm a'r Greidol, ac er mai enw Saesneg sydd ar y pentref, mae Beibl William Morgan yn yr eglwys leol, sy'n rhan o esgobaeth Henffordd. Nid nepell oddi yno mae pentref Llangiwa (sy'n cael ei sillafu yn Llangua).

Yn ystod ei phlentyndod yr oedd Esther de Waal yn edrych ar Gymru o safbwynt archeolegol ei thad a rhagfarnau gwrth-Gymreig ei mam. Ond erbyn hyn, gyda phrofiad eang o fyw mewn gwledydd fel De Affrica, y mae cerdded a byw ar ffin wedi dod â gorwelion ehangach i'w bywyd. Bellach, wrth ofyn 'Beth yw ffin? Beth yw goror? Beth yw terfyn?' mae de Waal wedi sylweddoli fod y tirlun o'i chwmpas wedi dod yn fewnlun iddi. Y mae hithau, fel eraill, gan gynnwys y bardd Gerard Manley Hopkins, yn hoff o'r gair *inscape*. Mae terfynau yn cadw eraill allan; mae ffin yn codi muriau; mae goror yn diffinio perchnogaeth. Ond iddi hi bellach fe aeth y ffin yn drothwy ac mae trothwy yn agor y drws i ddarganfod a dysgu, i barchu a gwerthfawrogi. Y mae drysau a gafodd eu cau gan ei rhieni bellach wedi agor.

Living on the Border yw teitl un o'i chyfrolau ac mae'n gweld fod y profiad wedi ei harwain i ddeall fod bywyd y Cristion yn un o fyw ar y ffin. Ond mae'n ffin sy'n drothwy. Mae'n dyfynnu David Jones, yr artist Cymreig fu hefyd yn byw am gyfnod yn yr un ardal: 'Man is a borderer. He is the sole inhabitant of a tract of country where matter marches with the spirit.' Mae'n dyfynnu L William Countryman hefyd: 'In the border country one discovers connections, roots, limits, meaning. To live there for a long while is like having veils pulled away.' Mae hynny'n siŵr o fod yn wir am y bywyd Cristnogol.

Soniais am 'bererindod ysbrydol' ac mai iaith pererindod yw ffin ac arfordir. Gobeithio y bydd y ddarlith hon o leiaf yn ein hatgoffa mai pobl ar bererindod ydym, er ein bod erbyn hyn, efallai, wedi aros yn rhy hir yn yr un lle a'i bod yn hen bryd i ni symud ymlaen. Ein symud ymlaen, yn ôl Steffan, a wna'r Ysbryd.[2]

Yr ydym yn cael ein galw fel Cristnogion i groesi ffiniau, i gerdded arfordir ffydd ac i roi sylw i 'ddiwinyddiaeth y ffin' gan fod bron pawb ohonom yn byw bywyd sy'n gyson ar ffiniau: ysbrydol/materol, drwg/da, Cymraeg/Saesneg. Ni fu bywyd erioed mor syml â phlant da neu ddrwg y *Rhodd Mam*, credu neu anghredu, ennill neu golli, ond mewn oes pan fo gwaddol yr etifeddiaeth Gristnogol, yn ogystal â'r gwahaniaeth honedig rhwng y 'crefyddol' a'r 'ysbrydol', yn gynyddol amlwg, y mae hynny'n fwy gwir nag erioed. Yn wir, nid oes angen 'etifeddiaeth Gristnogol' mewn oes ôl-Gristnogol pan mae 'ysbrydolrwydd' yn air mor gyffredin a phoblogaidd! Dyma'r ffin yr oedd Iesu yn barod iawn i'w cherdded, a'r ffin hon oedd ei gynefin a maes ei weinidogaeth. Ond i'r bobl y daeth wyneb yn wyneb â hwy ar y ffin fe aeth yn 'drothwy' i brofiadau adnewyddol a gobeithiol.

Rhaid pwysleisio, wrth gwrs, ein bod i gyd *angen* ffiniau a therfynau i'n bywydau a'n bod yn byw mewn byd o ffiniau personol, teuluol a chenedlaethol. Mewn un ystyr, ffiniau a therfynau sy'n rhoi trefn ar ein bywyd ac yn gosod canllawiau a sefydlogrwydd. Dyna pam y mae'n rhaid eu parchu, am eu bod yn rhoi fframwaith i ni ac yn ein cadw o fewn amodau diogelwch cymdeithas, cenedl a byd. Ond pan mae ffiniau, mewn byd ac eglwys, yn dod yn gyfrwng i ymwrthod, i gau, i godi muriau, i feithrin rhagfarn ac, yn fwy na dim yn hanes yr eglwys, i fod yn fewnblyg, yn ofnus neu'n hunanddigonol, yna mae angen bod yn effro.

Fe wyddom hefyd mai o'r amser pan sefydlodd Cystennin Gristnogaeth yn grefydd swyddogol yr Ymerodraeth yn 312, er mantais wleidyddol, yr aeth mudiad yn sefydliad a'r sefydliad yn rym; aeth seiadu a rhannu yn Gynghorau Eglwysig a daeth anghytuno a gwrthdaro; aeth Pobl y Ffordd a erlidiwyd yn gyfundrefn ymerodraethol. A thrwy'r cyfnod hwn yr oedd yr Eglwys Gristnogol *yn* codi ffiniau a gosod terfynau cyfundrefnol a diwinyddol er lles ymerodraeth ac eglwys, a oedd yn ymddangos ar y pryd (i rai, ond nid i bawb) yn angenrheidiol ac yn anorfod. Ond o edrych yn ôl, aethant yn derfynau a anghofiodd am Arglwydd yr eglwys honno. Fel y dywedodd M M Thomas, diwinydd o'r India, 'Mae'r eglwys bob amser i'w diffinio gan yr hyn sy'n y canol, ac Iesu yw hwnnw, nid gan ei therfynau. Pobl – a Christnogion yn eu plith – sy'n codi ffiniau a gosod terfynau. Nid Duw.'

Ond mae yna ffin sydd tu hwnt i'n ffiniau daearol ac eglwysig, sef y ffin rhwng y materol a'r ysbrydol, yr arfordir rhwng nef a daear. Pobl deufyd ydym ac oherwydd hynny yr ydym angen darganfod a dathlu gwerth y *ddau* fyd. A dyna un peth fydd yn gyffredin am y rhai y bydd cyfeiriad atynt yn y ddarlith hon. Mae angen pwysleisio fod y cread ei hun, y materol rhyfeddol hwn, yn gymaint rhan o'r ffydd ag yw'r tragwyddol. Rhoddodd pwyslais cwbwl anysgrythurol ar y byd drwg, pechadurus, diflanedig a llygredig hwn le (diolch am hynny) i werthfawrogiad a chyfrifoldeb dros gread rhyfeddol o hardd a chysegredig y Creawdwr. Mae'r oll *yn* gysegredig – ac mae datblygiad gwyddoniaeth, technoleg a gwybodaeth o'r natur ddynol ac o'r cread yn gwneud hynny'n fwy gwir nag erioed. Mae ein tystiolaeth Gristnogol hynaf fel Cymry yn dangos fod dathlu Duw'r Creawdwr yn llenwi'r Cristnogion cynnar â gobaith a diolch, tra byddai profiad o'r natur ddynol yn aml yn eu digalonni. O golli'r dathlu, collwyd golwg ar wreiddiau moliant. Ac wrth ddod i weld ein lle yn y byd bach hwn, *mae* yna ffiniau yn diflannu, oherwydd fel y gwelwn yn nwy bennod gyntaf y Beibl, mae i'r cread undod rhyfeddol yn ei wead. Pentref o fyd yn wir ydyw. Wedi canrifoedd o roi'r pwyslais mwyaf ar 'y byd tragwyddol' – a ffolineb yw beirniadu'r pwyslais hwnnw pan oedd cymaint o afiechydon a marwolaethau ifanc – y mae Cristnogaeth yn dechrau sylweddoli iddi esgeuluso'r cread sy'n gartref i'r ysbrydol. Er gwaethaf pob sôn am yr oes seciwlar, ddigrefydd, yr ydym yn gwybod fod yna lawer iawn o bobl yn byw ar y ffin rhwng credu a methu credu, neu gred ac amheuaeth, ac fe wyddom ein bod hefyd yn clywed mwy o'r hyn a elwir yn 'adlais neu sibrydion' o'r tragwyddol yng nghanol y byd. *A Rumor of Angels* oedd teitl cyfrol enwog Peter Berger, a gredai ei bod yn unfed awr ar ddeg ar grefydd gyfundrefnol, ac mae Aled Lewis Evans yn dweud yr un peth mewn ffordd wahanol yn ei gyfrol *Amheus o Angylion*. Llun pluen sydd ar glawr y gyfrol honno, fel petai'r angel newydd ddiflannu cyn i ni ei gweld neu ei weld. 'Such a fast God, always before us and leaving as we arrive,' meddai R S Thomas, geiriau sydd wedi eu dyfynnu yn aml yn ddiweddar.[3] Ond mae'n amlwg nad yw dyddiau crefydd ar ben, oherwydd mae hi'r un mor amlwg fod Duw ar waith ar ffiniau ac arfordiroedd ein byw a'n bywyd. Mae'r holl ddarogan gwae ar grefydd wedi bod yn gyfrwng i ymdeimlo ac i ymglywed â'r ysbrydol.

Iona

Ar drothwy'r Pentecost yn y flwyddyn 563 y glaniodd Columba ar Ynys Iona. Ar ôl hynny fe fu yn ôl a blaen rhwng yr Alban ac Iwerddon sawl gwaith. Roedd yn gyfnod o grwydro a theithio arfordiroedd a ffiniau yr ynysoedd hyn. Dyma gyfnod Dewi Sant a seintiau Cymru ac er bod Dewi wedi crwydro llai yr oedd yn rhan o'r don o 'sipsi Duw' (chwedl Gwenallt) a fu'n

Ynys Iona a'r Abaty o'r môr

pererindota ar draws Ewrop ac yn cario eu Cristnogaeth
o ddiffeithwch yr Aifft ac o ddinasoedd Ewrop. Mae i'r
traddodiad Cristnogol yn Iwerddon, Llydaw, Cernyw,
yr Alban a Chymru gysylltiad agos iawn ag ynysoedd
ac arfordiroedd, o Lindisfarne i Enlli i Skellig Michael
yn Iwerddon. Yr oeddynt yn cario, yn ôl y traddodiad,
ddarnau cynnar o'r Ysgrythur, croes, cannwyll, cloch,
efallai dyrnaid o hadau, oll yn symbolau o'u ffydd. Y
maent yn rhan o symudiad Cristnogaeth gynnar.

Un ddelwedd effeithiol yng nghyfres deledu
Diarmaid MacCulloch (sydd bellach yn gyfrol wych)[4]
oedd fod y cyflwynydd yn teithio ym mhob pennod
– cerdded, cwch, trol, ceffyl, beic, beic modur, trên,
bws ac awyren – oedd yn ein hatgoffa o'r symud

sy'n croesi ffiniau ac yn hanfod o'r ffydd Gristnogol. Felly'r Beibl: taith Abraham; taith y genedl yn yr anialwch; taith yr efengylau i Jerwsalem a chroesi ffiniau o bob math; a thaith yr Actau o'r Iddewig i fyd ac iaith newydd. Efengyl croesi ffiniau yw'r cefndir i lythyrau Paul ac efallai nad oes digon o sylw wedi ei roi i hyn. Eglwys bererin ydyw. 'A perpetual moving on, venturing out into unknown territory and meeting new fellow travellers on the way,' meddai Ian Bradley am Gristnogion cynnar yr arfordiroedd.[5] A hyn i gyrraedd capel bychan neu gell ar glogwyni arfordir Llŷn neu Benfro gan wynebu rhyferthwy y gwyntoedd. Mae David Adam yn ei gyflwyniad i'w gyfrol *Border Lands* (1995) – un o laweroedd erbyn hyn – yn dweud ein bod ni bellach yn chwilio am gysgod a diogelwch ond bod y Cristnogion cynnar hyn yn teimlo yn agos at ac yn un â'r cread yng nghanol stormydd! Mae'r awdur hwn yn ein galw ni yn Gristnogion mewndir neu'r *midlander*, y mannau diogel, cysgodol:

We are safe people who have never been at sea or experienced the 'cliffs of fall' [geiriau Gerard Manley Hopkins]… we avoid being frontiersmen/women, in case we are shot at, though more often than not we are shot at by our own side if we dare to cross boundaries… yet life is forever taking us to the edge of things… difficult, risky, but exciting.

Mae'r ddelwedd o ffiniau ffydd yn mynd â ni yn ôl felly at wreiddiau Cristnogaeth yng Nghymru. Mae'r ffin yn lle anodd, ond mae hefyd yn lle llawn her a phosibiliadau. Ac o'r dechrau fe welwn, i aralleirio adnod, nad oes ffin all atal gair Duw.[6]

Mae'r hyn sydd wedi digwydd ar Ynys Iona ers tridegau'r ganrif ddiwethaf yn enghraifft ardderchog o hynny. Ond cyn mynd ymlaen i sôn am Iona, gwell rhoi gair o esboniad. I lawer o bobl, mae sôn am Oes y Saint a Christnogaeth Geltaidd yn awgrymu rhyw ymdrech ramantaidd i fynd yn ôl i oes 'chwedl a chredo'. Mae'n syndod nifer y llyfrau sydd wedi eu hysgrifennu, yn hanesyddol, celfyddydol a diwinyddol ac sydd yn dehongli'r diwylliant Celtaidd. Erbyn hyn mae adrannau prifysgolion ledled y byd yn gwneud hynny hefyd. Mae llyfrau David Adams ac, yng Nghymru, llyfrau Patrick Thomas yn enghreifftiau da o boblogrwydd 'ysbrydolrwydd Celtaidd'. Mewn canolfannau croeso a chanolfannau garddio yn ogystal â siopau eglwysi cadeiriol mae cryno-ddisgiau fel *Celtic Melody* neu *Celtic Heritage* yn lleng. Rhannaf yr amheuon am y gorddehongli a'r rhamant sy'n llywio'r pwyslais hwn, *ond* mae darllen y dystiolaeth gynharaf sydd gennym o'r ffydd yng Nghymru yn dystiolaeth gref i ddilysrwydd y Gristnogaeth gynnar hon. Mae darllen englynion fel hyn o'r nawfed ganrif yn yr iaith Gymraeg, sy'n cynnwys geiriau gan ŵr sydd wedi teimlo pang o anobaith, yn dystiolaeth rymus o'n hetifeddiaeth:[7]

Yr un a lywodraetha ddoethineb yn ogystal â gallu
uwch nef, is nef, yn gywrain,
nid gormod llafur yw moliannu Mab Mair.

Ac wrth ddarllen geiriau gan fardd dienw o'r
nawfed ganrif:

Ym mryn, yn nhyno, yn ynysoedd môr
ym mhob ffordd y'th eler,
rhag Crist nid oes anialedd[8]

rwy'n teimlo'n llawer nes at ein hetifeddiaeth
Gristnogol ac at Grist nag wrth ddarllen llawer o
lenyddiaeth grefyddol Saesneg bietistaidd, unigolyddol
gan awduron sydd am droi pob profiad yn ddatguddiad
uniongyrchol gan Dduw trwy wyrth neu weddi. Nid
amau'r dystiolaeth yw hynny, ond gweld nad oes, yn
aml, ddyfnder iddi.

Ond yn ôl i Iona ac at un o ddiwygiadau pwysicaf
yr eglwys yn yr Alban a Phrydain yn yr ugeinfed
ganrif. Mae'r diwygio hwnnw yn ein cydio â chrud
ein cred ac yn ein hargyhoeddi fod ein hetifeddiaeth
Gristnogol yn mynd â ni yn ôl lawer iawn
pellach na Chatholigiaeth Rufeinig a Diwygiadau
Protestannaidd, Piwritanaidd a Methodistaidd. Yn
Iona, wrth gwrs, y lluniwyd y rhan fwyaf o Lyfr Kells,
campwaith creadigol Cristnogol Ewrop, sydd i'w weld
yn Nulyn. Nid neidio yn ôl i orffennol rhamantus yw
sôn am Oes y Saint ond traddodiad sy'n mynd yn ôl

ar draws y canrifoedd. Mae'n ddychwelyd ac mae'r dychwelyd hwnnw yn golygu croesi ffiniau crefyddol y gorffennol er mwyn mynd *yn ôl* i'r ffynnon ac i ffynnon y Gair. Yn ei gyfrol *The Mountain Behind the Mountain* mae'r awdur Noel Dermot O'Donoghue yn defnyddio delwedd arall wrth sôn am 'y mynydd tu draw i'r mynydd'. Ystyr 'radical' yw mynd yn ôl i'r gwreiddiau. Mae'r gorffennol yn medru ein caethiwo (fel y gwyddom yn rhy dda), ond mae yna hefyd *bererindod yn ôl* er mwyn mynd *ymlaen*. 'Mae'n dyfodol yn gorwedd lle mae ein gorffennol,' chwedl y ddihareb Iddewig. Nid rhamantu yw hynny, ond bod yn driw i'r hanes. Tristwch hanes yr eglwys, er y croesi ffiniau yn ôl, yw bod ffiniau newydd yn cael eu codi o hyd. Dyna pam mae llinell fawr Waldo am yr Ysbryd yn cynyddu yn ei gwerth: 'Gwadwr pob terfyn a wnaed.' A'r llinell flaenorol: 'Cynnar bererin y byd.' Nid sôn am y gorffennol y mae Waldo, ond am y presennol.[9]

Wrth ddechrau ei gyfres deledu arloesol *Civilisation* yn 1969, fe ddywedodd y dyneiddiwr Kenneth Clark am Iona: 'I never come here without feeling that "some God is in this place".' Fe ddywedodd hefyd, fel llawer ar ei ôl, fod Iona yn 'thin place' gan awgrymu fod yna ryw ffin denau iawn hyd yn oed iddo ef yno, a ffin rhwng y tragwyddol a byd o amser oedd yr awgrym. Mae arlunwyr a llenorion, beirdd a cherddorion, gwreng a bonedd, gweision a gwleidyddion wedi teimlo yr un peth ac wedi dymuno cael eu claddu ar Iona. Mae'r *ffin* a'r *arfordir* yn ddelweddau grymus o'n bywydau ar ynys, boed yn Iona neu Enlli. Ond y gwahaniaeth rhwng y ddwy ynys yw George MacLeod. Ni chafodd Cymru broffwyd fel MacLeod yn ei ddydd, er y bu bron i ni gael un. Ond gair am hynny'n nes ymlaen.

George MacLeod

Ganwyd George MacLeod i deulu breintiedig. Ei daid, Norman MacLeod (g.1812), oedd awdur yr emyn 'Courage, brother, do not stumble' ('Cred yn Nuw a gwna dy waith'); fe bregethodd i Florence Nightingale ac roedd yn ffrind personol i David Livingstone. Bu dim llai na phum Llywydd Cymanfa Gyffredinol Eglwys yr Alban yn y teulu, a rhyngddynt treuliasant 550 o flynyddoedd yn y weinidogaeth. Ond AS Ceidwadol oedd ei dad. Bu George yng Ngholeg Winchester a Choleg Oriel, Rhydychen yn astudio'r gyfraith, ond ar ddechrau'r rhyfel yn 1914 ymunodd â'r Argyll and Sutherland Highlanders a chafodd ei

anrhydeddu â'r Groes Filitaraidd. Fe gafodd dröedigaeth yn ystod y rhyfel ac er i hynny fod yn brofiad llywodraethol a pharhaol ar ei fywyd, nid yw wedi sôn llawer am amgylchiadau a natur y dröedigaeth honno. Yna aeth yn ei flaen i astudio ar gyfer y weinidogaeth yn Eglwys yr Alban yng Nghaeredin ac Union, Efrog Newydd. Fe'i penodwyd yn weinidog cynorthwyol yn St Giles, Caeredin ar ôl cyfnod o weithio gyda Toc H ac yna cafodd alwad i St Cuthbert, Glasgow, eglwys enwog am ei phregethwyr mawr, ac yno y daeth George MacLeod yn enwog. Yn 1929 cafodd wahoddiad i fod yn weinidog yn Govan, ardal ddifreintiedig yng nghanol dociau Glasgow, ond gwrthododd gan awgrymu enw ffrind iddo y credai George y byddai'n well gweinidog mewn ardal felly. Derbyniodd y ffrind, ond ymhen chwe mis bu farw o'r diciáu. Gwahoddwyd George yr eilwaith, a derbyniodd. (Rhyfedd, rhyfedd, llwybrau galwad!) Mewn dim, ac yng nghanol tlodi, diweithdra a phroblemau teuluol a chymunedol, daeth George i sylwi fwyfwy ar y ffin, y terfynau a'r muriau, yn wir, rhwng yr eglwys a'r gymuned. Yr oedd yr eglwys *yn* cynnig cysur a chadernid yr efengyl, a phwy fyddai'n gwadu mai dyma un o bennaf gyfrifoldebau'r eglwys yng nghanol dirwasgiad y tridegau ac ym mhob cyfnod? Roedd niferoedd o bobl yn barod i deithio ar draws Glasgow i wrando ar George MacLeod yn pregethu a rhwng y ddwy oedfa ar y Sul roedd cynulleidfa o tua 1,800 yn rheolaidd. Ond gwyddai MacLeod mai cynulleidfa yr ochr yma i'r ffin ydoedd ac nad oedd ei bregethau yn cyrraedd bywyd y gymuned gyfan yn Govan, na'i bregethu cyson ar ochr y stryd chwaith.

Yr oedd angen *iaith* ffydd a fyddai'n treiddio i galon bywyd pob dydd y gymuned.

Yr oedd MacLeod yn treulio cyfnod byr yn Jerwsalem yn dilyn cyfnod o straen yn ei waith, ac yno y cafodd weledigaeth gliriach o'r eglwys yn tystio yng nghanol y gymuned. Nid yn gymaint, meddai, fod yr eglwys yn mynd *i'r* gymuned, ond bod yr eglwys yn gwasanaethu'r *gymuned* â'r ffiniau wedi eu chwalu. Mae'n ddiddorol, ddegawdau yn ddiweddarach, mai 'Church Without Walls' fu teitl rhaglen Eglwys yr Alban ers rhai blynyddoedd bellach. Mae eglureb MacLeod o'r cyfnod yma yn enwog: bachgen yn taflu carreg at ffenestr liw ar thema'r 'Ymgnawdoliad' mewn eglwys, â'r adnod 'Glory to God in the Highest...', a'r garreg yn taro a thorri'r llythyren 'e' yn 'Highest' gan adael 'Glory to God in the High St'.

Fe ddaeth MacLeod yn ôl i Govan ac aeth ati ar unwaith i droi neuadd yr eglwys yn ganolfan i'r gymuned gyfan. Tyfodd cynulleidfa'r eglwys ac ymunodd 200 â hi a chymaint â 200 o blant yn yr Ysgol Sul, ond fe dyfodd hefyd wrth ddod yn eglwys *agored*. Tyfu, nid oherwydd fod cynulleidfa fawr yn dod i wrando ar George MacLeod, ond oherwydd ei bod yn dyfnhau ei pherthynas â'r gymuned ac yn dod yn guriad calon y gymuned dlawd honno.

Ddwy flynedd yn ddiweddarach datblygodd y weledigaeth. Fe wyddai George am yr Abaty

Benedictaidd ar Iona (bu ar yr ynys fel plentyn ar wyliau haf) oedd yn gorwedd yn adfail ers blynyddoedd. Iddo ef, yr oedd yr abaty yn parhau fel arwydd o genhadaeth Columba i'r Alban. Cenhadaeth drwy *gymuned ffydd* oedd honno. Cenhadaeth cyfannu bywyd. Roedd yr Abaty yn arwydd o'r Deyrnas lle mae gwaith ac addoli, Duw'r Creawdwr ac Iesu'r Gwaredwr, nef a daear, yn un. Fel yn Iona, cymunedau ffydd yw calon ein Cristnogaeth gynharaf yng Nghymru hefyd. Dyma wreiddiau ein hetifeddiaeth. Tristwch eithaf capeli sydd wedi cau, boed yn adfeilion neu wedi eu gwerthu, yw nid yn gymaint eu bod wedi cau am nad oes aelodau yno bellach ond nad ydynt yn arwydd o Deyrnas y Duw sy'n cyfannu bywyd cymuned a byd. Os nad yw eglwys yn arwydd o'r Deyrnas, nid yw'n eglwys.

Teimlai MacLeod yr alwad i fynd ati i adnewyddu'r adfail (cafodd Sant Ffransis yr un alwad yn ei ddydd) ac fe wyddai na fyddai ef yn medru gwneud hynny ar ei ben ei hun ac y byddai angen llafur bôn braich dynion di-waith Govan. Mae stori'r adnewyddu yn rhyfeddol ac arwrol (hyd yn oed yn ystod yr Ail Ryfel Byd). Daeth dynion digon 'digrefydd' Govan i *weld* a *theimlo*'r berthynas rhwng y materol a'r ysbrydol a rhwng gwaith a gweddi. Dyma'r dynion a arferai orffen diwrnod gwaith gyda pheint a rheg, yn sydyn ddigon yn clywed y weddi a ddaeth yn weddi ganolog i Gymuned Iona yn nes ymlaen:

O Christ the Master carpenter, Who, at the last, through wood and nail, purchased our whole salvation, wield well your tools in the workshop of your world, so that we, who come rough hewn to Your bench, may be fashioned, to a truer beauty of your hand.

Nid canolfan i droi cefn oddi wrth y 'boen sy'n y byd' oedd Iona, ond man i leygwyr (ac mae'r pwyslais ar leygwyr yn holl bwysig) weld beth welodd Columba, sef bod yr Efengyl yn ymwneud â 'whole salvation, nid soul salvation', chwedl MacLeod. Nid dianc *o* Glasgow, ond mynd i Iona er mwyn mynd *yn ôl i* Glasgow ac i ganol bywyd gwleidyddol, cymunedol a diwylliannol yr Alban. I fynd yn ôl i gynorthwyo a bod yn gyfaill i'r dynion da hyn fe ddaeth myfyrwyr oedd yn teimlo galwad i'r weinidogaeth yn Eglwys yr Alban ac roedd llawer yn y cyfnod hwnnw yn tystio mai'r cyfnod hwn oedd y pwysicaf i'r myfyrwyr i'w paratoi ar gyfer y weinidogaeth.

Yn 1938 ymddiswyddodd MacLeod o'i eglwys yn Govan a symud i fod yn Warden ar Ynys Iona. Roedd wedi ymwrthod â bod yn *midlander* yn niogelwch ei ddiwylliant a'i lwyddiant, ac wedi dod yn *borderlander* ar arfordir stormus y gorllewin. Yno fe gafodd olwg gliriach ar orwelion Cristnogaeth. Mae angen mentro a symud weithiau i'w gweld.

Datganiad Cenhadol Iona

Dyna grynodeb stori am groesi ffiniau; am ddiwygio'r eglwys; am fenter ffydd; am lais proffwydol; am ddylanwad yn treiddio fel golau a halen ymysg lleygwyr ac ordeiniedig trwy Gymuned Iona, sydd erbyn hyn yn fyd-eang ei dylanwad. Ond nid stori am niferoedd yw hon. Rhy hir bu niferoedd yn obsesiwn ac yn faen melin arnom fel eglwysi, oherwydd *dim ond* 270 o aelodau, 1,500 o gyfeillion a 1,400 o gefnogwyr sydd i Gymuned Iona heddiw. Mae'r dylanwad a'r dystiolaeth yn aruthrol fwy na hynny. Yn ychwanegol at yr Abaty fel canolfan breswyl, mae Canolfan MacLeod (Canolfan Ieuenctid – bu'r diweddar Dafydd Owen yn gweithio yno) a Camas (Canolfan Gweithgareddau ar Ynys Mull) yn ogystal â Thŷ'r Gymuned yn Glasgow yn rhan o weithgarwch gweladwy y gymuned.

Mae'n amhosibl crynhoi gweinidogaeth MacLeod oherwydd mae'n ymestyn bron drwy'r ugeinfed ganrif ar ei hyd. Bu farw yn 1991 yn 96 oed, yn rhy styfnig i farw meddai rhai! Rhaid, fodd bynnag, nodi rhai agweddau ar y genhadaeth a lifodd unwaith eto o Iona'r ugeinfed ganrif.

Yn Natganiad Cenhadol y Gymuned, ar ôl sôn am y pum rheol – disgyblaeth darllen y Beibl; gweddïo ddwywaith y dydd; stiwardiaeth amser ac arian; cyfarfod yn rheolaidd ar Iona neu mannau eraill; gweithredu dros gyfiawnder a heddwch – y mae'r datganiad yn nodi rhaglen genhadol yr Apostolics Anonymous, yr AA, fel roedd MacLeod weithiau yn eu galw:

- Cyfiawnder, heddwch a chyfanrwydd y cread (*integrity of creation*) – ac yn arbennig yn erbyn datblygiad arfau niwclear, ymgyrch yn erbyn y fasnach arfau a chyfiawnder ecolegol.
  (Faint yn fwy yw'r angen erbyn hyn: £100 biliwn dros y 30 mlynedd nesaf fydd cost Trident; mae gwariant byd ar arfau yn £18,000 yr eiliad; mae 1,500 yn cael eu lladd bob dydd mewn rhyfeloedd.)
- Gweithredu gwleidyddol a diwylliannol i wrthsefyll hilyddiaeth.
  (Yr ydym bellach mewn oes lle mae canlyniadau erchyll hilyddiaeth yn codi i'r wyneb yn gyson: ni yw pobl oes Rwanda a Bosnia.)
- Gweithredu lleol a byd-eang yn erbyn tlodi.
  (Mae un plentyn yn marw bob eiliad yn y byd o effeithiau tlodi, ac yn 2011 bu farw saith miliwn o blant dan bump oed o effeithiau tlodi neu afiechydon y gellir eu gwella.)
- Materion ar rywioldeb.
  (Merched fel dioddefwyr yn ein byd oedd ystyr hynny'n bennaf, nid y ddadl am hoywon, sydd bellach yn uchel ar yr agenda.)
- Dyfnhau deialog eciwmenaidd a chymunedol.

(Prin ein bod wedi dechrau deall ystyr y gair eciwmenaidd – rydym yn dioddef o ddylanwad negyddol ac adweithiol y rhai sy'n ofni bod eciwmeniaeth yn bygwth eu hunaniaeth enwadol.)

Mae llawer mwy na hyn i'w ddweud am y Gymuned ac, mewn gwirionedd, mae'r peth pwysicaf *heb* ei ddweud yn y Datganiad. Ond fe ddown at hynny. Mae'r rhaglen genhadol hon yn faniffesto i ffydd sy'n croesi ffiniau.

Y ddraenen yn yr ystlys

Er iddo ddringo i Gadair Cymanfa Gyffredinol Eglwys yr Alban, ennill Gwobr Templeton a llu o anrhydeddau eraill, yr oedd MacLeod yn ddraenen yn ystlys yr eglwys. Yr oedd yn gallu bod yn awdurdodol iawn, fel Columba yn ôl rhai, ac yr oedd yn brin o amynedd wrth ddelio gydag anwybodaeth awdurdodau mewn byd ac eglwys. Yn seremoni derbyn Gwobr Templeton, dywedodd MacLeod wrth John Templeton, miliwnydd a rhoddwr hael y wobr fawr o £100,000, bod angen gwneud rhywbeth am y *money boys* sy'n rheoli'r byd. A hyn yn 1990!

Yr oedd nifer o resymau pam nad oedd MacLeod yn rhy boblogaidd gan Henaduriaeth, Sasiwn a Chymanfa Gyffredinol. Roedd ei dueddiadau gwleidyddol yn adain chwith; roedd yn cynhyrfu'r dyfroedd mewn eglwys oedd yn sefydliad gwladol ac felly, fel Eglwys Loegr, yn barod i gefnogi'r *status quo* militaraidd Prydeinig. Nid oedd ei agwedd groesawus tuag at yr Eglwys Gatholig Rufeinig yn dderbyniol i eglwys lle mae'r traddodiad Protestannaidd mor bwysig. Achosodd lluniau o MacLeod gyda'r Pab yn y Fatican gryn helynt. Fe fyddai John Knox, meddai ei feirniaid, yn troi yn ei fedd. Yr oedd hefyd yn dân ar groen y mudiad cenedlaethol yn yr Alban oherwydd ei gyfeillgarwch â'r teulu brenhinol (mae mwy nag un llun ohono gyda'r Frenhines) a'i barodrwydd yn y diwedd i fynd i Dŷ'r Arglwyddi.

Yr oedd yr holl bethau hyn yn siŵr o droi yn feirniadaeth ar MacLeod ei hun ond yr oedd hefyd yn siŵr o gyflyru agweddau llawer o weinidogion tuag at y Gymuned. Yn wir, bu'r mab y Mans o dras uchelwyr y weinidogaeth yn ddraenen yn ystlys Cymuned Iona ei hun tua'r diwedd a bu mwy nag un argyfwng mewnol. 'It isn't Iona,' meddai un beirniad, 'it should be 'I own-a community.' Y mae awdur cofiant MacLeod a chyn Warden yr Abaty, Ronald Ferguson, yn cydnabod nad oedd pethau'n hawdd pan oedd George yn ei flynyddoedd olaf, ond ar yr un pryd yn tystio fod cael beirniadaeth gwbwl agored a gonest yn ganmil gwell na beirniadaeth slei a gwên deg.

Ffiniau cred

Dyna sy'n digwydd pan mae'r ysbryd proffwydol yn croesi ffiniau. Mae'n Ysbryd penderfynol! Er bod MacLeod yn ŵr digon uniongred yn ddiwinyddol, yr oedd iaith ac angerdd ei weledigaeth yn gwthio ffiniau uniongrededd. Mae hynny'n anorfod pan mae'r Ysbryd ar waith. Wedi'r cyfan, i un oedd yn credu, fel y dywedodd MacLeod lawer gwaith, mai 'Iesu yw'r unig uniongrededd, ac nid yw ef byth yn aros yn llonydd', mae'n amhosibl cyfyngu iaith cred ac, yn arbennig, fel y cawn weld yn nes ymlaen, iaith addoli. Mae addoli yn fwy nag iaith ac y mae cred yn fwy na geiriau. Nid teyrnas a therfynau iddi yw'r Deyrnas ond teyrnas lle nad oes ffin rhwng y materol a'r ysbrydol. Gyda'i egni aflonydd credai MacLeod fod Protestaniaeth ar ei gorau pan mae'n radical, yn symud ac yn broffwydol. Pan mae'n dirywio i fod yn ddim ond datganiad, safbwynt neu yn ddim ond props i ddal y sefydliad, yr enwad neu'r gyfundrefn grefyddol yna, meddai, yn ei iaith liwgar ei hun, 'it sells Jesus down the drain'. I George, dyma yw rhuddin y traddodiad Protestannaidd o Columba i'r ugeinfed ganrif. 'You remind me,' meddai Donald Shriver wrth ei anrhydeddu yn America yn 1986, 'that reform of reformation is perpetual for those subject to the restless spirit.'

Roedd y Benedictiaid yn eu dydd yn ymateb i'r Gristnogaeth arwynebol, dawel a diogel oedd yn ddarostyngedig i awdurdod seciwlar ac y mae pererinion y 'drydedd ffordd' (*third way*) sy'n parhau i ddod i Iona yn gweld fod rhythmau gwaith a gweddi, creu a lletygarwch, yn mynd ar goll ym mywydau Cristnogion. Mae'n peidio bod yn rhywbeth 'aflonydd, byw' ac y mae bywyd llawer o eglwysi yn brawf o hynny. Ni allwn anwybyddu'r ffaith fod Ynys Iona, diolch am hynny, a chanolfannau eraill tebyg, yn arbennig yn y gorllewin, wedi bod yn holl bwysig fel tystiolaeth i'r efengyl ym mlynyddoedd y trai Ewropeaidd. Os oedd Martin Luther yn cael ei yrru i ddiwygio'r eglwys, onid yw holl angen ac argyfwng y ddynoliaeth yn gofyn am ymateb holistaidd, cyfan, crwn gan yr eglwys ac onid yw hynny'n anorfod yn arwain at ddiwygio radical? Nid yw manion newidiadau ein crefydda – un oedfa yn lle dwy ar y Sul, ordeinio merched yn esgobion, gweinidogaeth bro a.y.b. – yn ymwneud dim â'r diwygio radical sydd ei angen arnom fel eglwysi. Y deyrnas ei hun, mewn gwirionedd, ac nid ein crefydda ni, sy'n gosod agenda genhadol yr eglwys.

Ffordd o fyw

Mae'r cyfan yn tarddu o berthynas Iesu â'i ddisgyblion, sef yr alwad i fod gydag ef, mewn gweddi, gwaith a chymdeithas. Roedd Cristnogaeth Oes y Saint, fel Cristnogaeth yr eglwys gynnar, yn ffordd newydd o fyw. Mae milwr yn enghraifft dda o hynny, gan gofio ei bod yn ofynnol i bob dinesydd gwrywaidd fod yn filwr am gyfnod. Pan oedd milwr yn dod yn Gristion yr oedd yn ymwrthod â rhyfela, fel y mae Patrick Thomas wedi sôn (*Candle in the Darkness*) yn hanes Pedrog, Tysilio ac Illtyd, gan ddyfynnu geiriau ac esiampl Martin o Tours: 'Milwr Crist wyf fi bellach ac nid yw'n gyfreithlon i mi ymladd,' meddai Martin. Nid oedd yn anodd i Martin ddyfynnu geiriau Iesu i gadarnhau ei safbwynt. Yn y cyfnod cynnar ni ellid bod yn Gristion ac yn filwr. Erbyn diwedd y bedwaredd ganrif roedd yn rhaid bod yn Gristion er mwyn bod yn filwr! Fe dawelwyd Iesu, glastwreiddiwyd y Bregeth ar y Mynydd, daeth ffordd y groes yn gyfaddawd ac fe barchuswyd yr efengyl i'w gwneud yn dderbyniol. Fe aeth ar goll mewn awdurdod ac fe'i collwyd mewn cyfundrefn. Dyna ddigwyddodd, ar raddfa lai, yn yr Alban wedi dyddiau John Knox, fel yng Nghymru ar raddfa lai fyth efallai, pan grëwyd enwad yn 1811. Daeth ffiniau yn fwy clir a phendant, daeth y bywyd Cristnogol yn gymedrol, yn dduwioldeb ac yn gwrteisi, a daeth cred yn dderbyniol dda. Dyna sydd wedi digwydd i'r Efengyl yn nwylo dynion. Fe newidiodd rhywbeth sylfaenol, ond doedd hynny, wrth gwrs, ddim yn amlwg ar y pryd.

Ar ôl darllen rhan o Ddatganiad Cenhadol Cymuned Iona, gallaf ddychmygu rhai yn dweud: 'Dyna'r efengyl gymdeithasol, ac mae'n wahanol i'r Efengyl Efengylaidd.' Ond camgymeriad mawr a cham â'r Gymuned yw meddwl hynny. Mae dau reswm dros ddweud hyn.

Un yw fod pwyslais mawr yn Iona ar *weinidogaeth iacháu*, ac mae iacháu yn rhan ganolog o'r addoli a'r pwyslais ar *gyfanrwydd* ffydd a bywyd: person, cymuned a byd. Nid troi cefn ar 'sŵn y boen sy'n y byd' yw addoli yn Iona. Yn llenyddiaeth y Gymuned (a deunydd addoli sydd bennaf yn y llenyddiaeth honno), mae'r pwyslais ar iacháu yn hytrach nag ar achub. Mae'r gair 'achub' yn y traddodiad Protestannaidd, gorllewinol yn gysylltiedig ag 'achub enaid'. Ond i MacLeod yr oedd iacháu yn llawer mwy ystyrlon nag achub oherwydd fod achub yn golygu achub *o* rywbeth neu *rhag* rhywbeth, ond mae iacháu yn golygu adfer *i* iechyd a llawnder a bendith. Dyna yw pwyslais yr efengylau oherwydd does dim ffiniau yng ngweinidogaeth Iesu rhwng yr iacháu a'r pregethu a'r damhegion. Un newyddion da sydd, i ddwyn bywyd yn ei gyflawnder.

Mae'r hen drafodaeth rhwng iachawdwriaeth a'r iechydwriaeth mewn diwinyddiaeth Gymraeg yn ystyrlon, yn iawn ac yn well efallai na'r cyfatebol yn Saesneg, *sanitation* a *salvation*. Yn y gwasanaeth iacháu wythnosol yn Iona, nid un person sy'n arddodi dwylo yn yr iacháu ond y gymuned gyfan, ac mae arweinydd yr addoliad hefyd yn plygu i dderbyn arddodiad dwylo'r gymuned. Nid cyfle yw'r gwasanaeth iacháu i bobl gydag afiechydon/anawsterau weddïo am iachâd nac i ddwyn rhai sydd angen iachâd i 'sylw' Duw, ond cydnabod fod 'cyfanrwydd bywyd' angen 'cyfanrwydd iacháu' cyson, a hynny i unigolyn, cymuned a byd. Roedd MacLeod yn ymwybodol iawn fod yr eglwys ei hun angen iacháu cyson. Gweinidogaeth iacháu, cyfannu a rhyddhau oedd un Iesu, boed unigolion bregus, crefyddwyr methedig neu genedl fechan. A'r un yw Ei weinidogaeth o hyd. Fe groesodd ffiniau i wireddu'r weinidogaeth honno mewn ufudd-dod llwyr i'w Dad. Dyna pam mae pob Cristion yn y weinidogaeth iacháu hon.

Yr ail reswm dros ymwrthod y rhannu rhwng y 'cymdeithasol' a'r 'efengylaidd' yw fod hynny yn amhosibl mewn addoli. Daw hyn â ni at y datblygiad pwysicaf yn hanes Cymuned Iona, sef Grŵp Addoli yr Ŵydd Wyllt (The Wild Goose Worship Group), sydd wedi ymestyn dylanwad Cymuned Iona ymhell y tu hwnt i Iona ei hun. Mae i waith y grŵp le canolog yn hanes ysbrydolrwydd ac addoli y deng mlynedd ar hugain diwethaf. Mae'n ddiddorol nodi mai teitl y gyfrol am hanes Cymuned Iona gan Ronald Ferguson yw *Chasing the Wild Goose*. Yn nhraddodiad Cristnogaeth yr Ynysoedd a gogledd yr Alban yr oedd yr ŵydd, aderyn cyffredin a thraddodiadol yr Alban, yn hytrach na'r golomen, yn symbol o'r Ysbryd Glân. Mae'n ddelwedd rymus o egni a bywyd y gwyddau yn dychwelyd gyda'i gilydd fin nos i'w cynefin. Mae'n ddarlun o ysbrydoledd gyfarwydd yr Alban wledig ac adlais o'r ddelwedd Feiblaidd o'r enaid yn dychwelyd at Dduw a'r plant yn dod adref oherwydd yr angen dwfn i 'ddod yn ôl'. Nid yw'r gwyddau byth ar goll yn llwyr. Mewn gwirionedd, mae'n drueni mai *un* ŵydd, yn hytrach na haid o wyddau, sydd yn y logo. Mae rhywbeth yn ddolefus yng nghri un ŵydd yn hedfan, ond eto mae urddas a harddwch yn perthyn i'r un ŵydd hon hefyd.

John Bell

Fe wyddai gŵr ifanc o'r enw John Bell (gweinidog a gweithiwr ieuenctid) mai o addoli y tarddodd ac yr ehangodd gweledigaeth MacLeod. Mae John Bell ac eraill fel Graham Maule a llawer mwy erbyn hyn – yn eu plith Dafydd Owen fel cyd-awdur peth o'r deunydd addoli – wedi gwneud mwy na neb i ddangos mai'r Ysbryd sy'n croesi ffiniau ffydd a chred yw'r un Ysbryd sy'n gwneud addoli yn

galon Cymuned Iona. Nid yw hynny wedi newid ar draws y canrifoedd. Mae'r Gymuned yn tystio mai mesur ein haddoliad yw mesur ein cred. Addoli yw credu a chredu yw addoli: *lex orandi, lex credendi*. Mae modd dadlau mai ystyr uniongrededd (*orthodoxy*) yn wreiddiol yw iawn-addoli. I'r Cristion mae hynny'n golygu addoli y Duw byw yn enw a thrwy yr Arglwydd Iesu Grist. Addoli Duw'r Creawdwr a Duw y Tad sydd, trwy ei Ysbryd, yn ein gwneud yn un yng Nghrist. Yr ydym yn un ag addoliad di-dor, diderfyn y cenedlaethau, o'r salmau i fawl-ganeuon y Testament Newydd, o Ffransis i Bantycelyn, o ganeuon y caethweision i *Caneuon Ffydd*.

Walter Wink, fu farw ym Mai 2012, yw un o ddiwinyddion Beiblaidd proffwydol ein cyfnod. Yr oedd yn academydd, heddychwr ac ymgyrchydd ac fe gredai yntau mai o addoli a moliant yr oedd *popeth* yn tarddu. Fe ddysgodd hyn yn bennaf mewn gweithdy ar y ffordd ddi-drais yn Ne Affrica yn yr wythdegau. Yr oedd y gweithdy, tros nifer o ddyddiau, yn troi'n gân ac yn glod ar ddiwedd pob dydd. Mewn addoliad, meddai Wink, does dim Duw sy'n Greawdwr ar un llaw a Duw sy'n Waredwr ar y llaw arall. Does dim Duw personol ar yr ochr yma a Duw cymdeithasol a byd-eang ar yr ochr arall. Does dim gras cyffredinol a gras arbennig. Un gras sydd. Un Duw ydyw ac, i ni Gristnogion, Duw a Thad ein Harglwydd Iesu Grist. I'r Iddew, boed Uniongred neu Ryddfrydol, yr un Duw ydyw. Addoli sy'n agor y Gair i ni, oherwydd addoli yw gwreiddiau'r Gair. Does dim wedi bod yn fwy o dristwch i'r Duw sy'n Dad ac yn Fam i'w blant na Christnogion yn gwrthod addoli gyda Christnogion eraill am eu bod yn *meddwl* yn wahanol amdano.

Duw a'n helpo. Mae hynny'n drosedd yn erbyn yr Ysbryd Glân – *hubris* dynol o'r math gwaethaf. Mae gwir addoli yn ein plygu gyda'n gilydd ac yn ein codi yn un côr.

Erbyn hyn, diolch am hynny, mae yna Gristnogion sy'n barod i groesi'r ffin ac addoli ar adegau arbennig gyda chrefyddau eraill – ac mae'r cyfnod hwn yn 'adeg arbennig' – gan gredu fod addoli yn ddyfnach ac yn uwch na'n geirfa grefyddol ni. Un agwedd o hynny yn unig yw gwasanaethau 'aml-ffydd' i ddod â chymuned at ei gilydd. Agwedd arall yw fod y tyndra a'r gwrthdaro sy'n deillio o grefyddwyr sydd yn ddigyfaddawd eu hagwedd tuag at grefyddwyr eraill yn mynnu fod perthynas addolgar a gweddigar yn datblygu ar draws y ffiniau. Ond agwedd arall yw fod yna unigolion a chymunedau bychan o Gristnogion wedi ymsefydlu mewn diwylliannau gwahanol (mae nifer o enghreifftiau yn India) gyda'r nod o godi pontydd i ddyfnhau eu perthynas â chrefydd neu grefyddau eraill. Cenhadaeth yw hau hadau y deyrnas ddi-ffiniau. 'Pwy a esyd derfyn i ysbryd yr Arglwydd?' Un teulu sydd gan Dduw ac un o fendithion mawr ein hoes yw ein bod yn medru edrych ar y byd ychydig yn debycach i'r ffordd mae Duw yn edrych arno, oherwydd un byd yw bellach, ac yn wahanol i'n cyn-famau a thadau, fe wyddom ni hynny yn iawn. Nid dosbarthiadau wedi eu ffrydio yn ôl gallu, cymwysterau, profiadau a hanes teuluol sydd gan

Dduw, ond trwy ras ac mewn addoliad, un teulu.

Cyn mynd ymlaen i sôn am gyfraniad arbennig John Bell, fe hoffwn fynd yn ôl i'r sylw a wnaethpwyd yn gynharach, sef y bu bron i ni gael proffwyd fel MacLeod yng Nghymru.

J P Davies

Yr oedd Lewis Valentine a J P Davies (Porthmadog yn ddiweddarach) yn fyfyrwyr ym Mangor ar yr un pryd. Yr oedd hyn ar ddiwedd y Rhyfel Byd Cyntaf a Valentine, fel MacLeod, wedi bod yn y Rhyfel Mawr. Pan glywodd JP fod Plas Maenan yn Nyffryn Conwy ar werth, dywed Lewis Valentine yn y gyfrol deyrnged iddo (*I Gofio J. P.: Cyfrol Deyrnged*, 1971) am ei awydd i sefydlu cymuned Gristnogol, ddienwad yno fyddai'n cynnal ei hun, yn rhannu popeth ac yn mynd o gwmpas

y cymunedau Cymraeg yn arbennig, er mwyn ysbrydoli a chalonogi eglwysi Cymru. Ei obaith oedd bod yn gyfrwng i ddiwygio'r capeli rhag iddynt ddirywio i fod yn fewnblyg a chyfyng eu cred a'u gorwelion. Hyd yn oed yn y cyfnod hwnnw, yr oedd arwyddion fod anghydffurfiaeth, yn ogystal â'r eglwysi eraill, wedi colli ei chyfeiriad. Yn wir, rai blynyddoedd yn ddiweddarach fe aeth J P Davies i Iona i gyfarfod â George MacLeod oherwydd roedd y weledigaeth yn dal i losgi ynddo. Yn ei deyrnged i J P Davies mae Lewis Valentine yn dweud 'Doedd gennym mo'r dewrder i ddilyn gweledigaeth JP.' Petai hynny wedi digwydd efallai y byddai gennym yng Nghymru gymdeithas radical o Gristnogion fyddai wedi ysbrydoli a meithrin arweinwyr newydd mewn ffordd na allai'r colegau diwinyddol enwadol ei wneud.

Yn llwyddiant allanol diwygiad 1904 – a chenhedlaeth y diwygiad oedd hon – aeth diwygio yn angof. Mae gwahaniaeth rhwng 'adfywio' a 'diwygio'. Yn hanes Protestaniaeth, mae diwygio'r eglwys mor bwysig ag adfywiad, gan nad oes i Brotestaniaeth, a'r traddodiad anghydffurfiol yn arbennig, drefn na chyfundrefn barhaol. Pebyll dros dro i gymdeithas bererin yw pob Tabernacl. Yr oedd JP wedi deall gwir ystyr 'eciwmeniaeth', sef nid yn gyntaf 'uno enwadau' ond y genhadaeth Gristnogol yn ei chyfanrwydd. Cyn bod MacLeod wedi dechrau ei waith yn Govan yr oedd JP wedi gweld ffolineb anghydffurfiaeth ranedig, ddigyfeiriad, ddigynllun yn ein cymunedau ledled Cymru. Y *status quo* oedd yn rheoli anghydffurfiaeth hyd yn oed. Gwyddai fod angen gweithredu radical cenhadol yng Nghymru. Mae llawer o gymunedau Cymru wedi dadfeilio o flaen ein llygaid, a'r capeli yn rhan o'r dadfeilio hwnnw, ac nid oedd angen

Cyfrifiad 2011 i ddweud hynny wrthym. Ond mae Duw wedi arfer defnyddio digwyddiadau 'seciwlar' i ddweud rhywbeth wrth ei bobl! A heddiw, a ninnau yn gwybod ac yn gweld beth sydd yn digwydd o flaen ein llygaid, yr ydym yn parhau i arddel ffiniau sy'n ein rhwystro rhag llawn amgyffred yr argyfwng a'r alwad i genhadaeth.

Mae'r berthynas rhwng Cristnogion yn rhan o galon y ffydd oherwydd mae'n tarddu yn uniongyrchol o weddi fawr offeiriadol Iesu wrth iddo hyfforddi a pharatoi ei ddisgyblion i'w cenhadaeth. Fel enwadau anghydffurfiol yr ydym bellach yn rhannu popeth – gweinidogaeth, addoliad, adeiladau (hyd yn oed!) a phopeth diwylliannol ac ieithyddol – ac er bod gennym gyfrolau ardderchog ar hanes cyfoethog y Bedyddwyr, yr Annibynwyr, y Presbyteriaid a'r Wesleaid, yr ydym yn rhannu yr *un* etifeddiaeth Gristnogol. Hon yw'r wir etifeddiaeth. Rhaid gweld argyfwng ein cenedl fel galwad i genhadaeth yn ein cymunedau Cymraeg ac yng Nghymru gyfan. Mae'r genhadaeth hon yn bwysicach na'r enwadaeth sydd bellach yn eilradd, amherthnasol i'r dasg o addoli gyda'n gilydd a chynllunio gyda'n gilydd yn y gwaith o adfer ein cymunedau. Mae'n gofyn am ffydd mor radical â'n cyndadau a fentrodd i gyfnod a thasg newydd yn eu dydd. Mae'n anodd gweld unrhyw ffordd arall ond y ffordd o rannu popeth er mwyn yr Efengyl. Nid sôn am uno gweddillion enwadaeth anghydffurfiol Gymraeg yr ydym, ond sôn am 'eciwmeniaeth' ddyfnach nag uno ac y mae honno yn tarddu o Grist ei hun.

I ddod yn ôl at weledigaeth J P Davies, colled arall i anghydffurfiaeth yw fod cymaint o'r genhedlaeth honno o weinidogion oedd hefyd yn heddychwyr wedi cael eu labelu, yn ddiweddarach, fel 'rhyddfrydwyr'. Yn ei gyfrol *The Span of the Cross*, gweld y rhyddfrydiaeth ddiwinyddol yn hytrach na'r radicaliaeth mae Densil Morgan. Wrth gyfeirio at George M Ll Davies mae'n sôn am 'the intellectual feebleness of political pacifism' ac mae'n mynd ymlaen i ddweud 'a deficient theology had once more betrayed Welsh nonconformity' a'u cyhuddo o fethu gwahaniaethu rhwng 'personal morality and collective evil' ac i hyn 'all militated against their responding to the challenge of the hour in a realistic manner'.[10] Y mae Densil Morgan yn credu mai dim ond y rhai a ddychwelodd at uniongrededd (a oedd yn cael ei alw erbyn hynny'n *neo-orthodoxy*) oedd yn ymateb gyda mesur o hygrededd i'r argyfwng. I'r rhai na allent, ar dir cydwybod, ymladd, doedd dim ond heddychiaeth fel galwad bersonol a heddychol ar ôl. Amddiffyn y ffin rhwng y personol a'r gwleidyddol y mae Densil Morgan. Dyma'r *status quo* diwinyddol eto, a luniwyd, nid ym mhair gweinidogaeth Iesu, ond pan oedd ymerodraeth ac eglwys yn cerdded law yn llaw. Yn ddiddorol, mae Densil Morgan yn dyfynnu

J P Davies ei hun yn y cysylltiadau yma: 'O hyn ymlaen fe fydd yn rhaid i ni sylfaenu ein heddychiaeth ar yr Efengyl yn unig.' Yn wir, dyna oedd y sylfaen o'r dechrau. Hon *yw'r* Efengyl sy'n chwalu'r ffiniau, y ffiniau y mae rhai o hyd am eu cadw.

Ni chawsom un fel George MacLeod yng Nghymru, ac aros yn y pulpud, mewn erthyglau, o fewn enwadaeth, Sasiwn ac Undeb a wnaeth y min radical a'r dystiolaeth broffwydol. Parhau yn weledigaeth nas gwireddwyd wnaeth un J P Davies. Fe ellid dadlau, wrth gwrs, ond nid dyma'r lle i wneud hynny, mai yng ngwaith beirdd Cristnogol canol y ganrif ddiwethaf y mae'r Efengyl i'w chlywed ar ei grymusaf broffwydol. Aeth radicaliaeth Iesu i ddibynnu ar ddatganiadau enwadol ac i ymboeni mwy am ddyfodol yr eglwysi nag am y byd ac am Gymru a'i hargyfwng. Er gwaethaf pob datganiad, bwriad a honiad a wneir gan yr enwadau, mae gormod o lawer o le i gredu fod hynny'n wir o hyd. Yr hen stori yw hi: y cynnal yn bwysicach na'r Deyrnas ac enwadaeth yn hytrach na chenhadaeth yn gwarchod ffiniau yn hytrach na'u croesi. Nid yw hyn yn dibrisio dim ar yr ymdrechion arloesol a wnaeth Eglwys Bresbyteraidd Cymru trwy ddatblygu Coleg Trefeca yn ogystal â Choleg y Bala. Tra bod Coleg y Bala wedi bod yn gyfrwng arbennig tros y blynyddoedd i adeiladu ein plant a'n pobl ifanc yn y ffydd a'u cyflwyno i efengyl radical a chynhwysol Iesu, nid yw'r nod mor glir yn

Nhrefeca erbyn hyn, er bod cynnig lle cwbwl agored i amrywiaeth o fudiadau 'seciwlar' a 'chrefyddol' gyfarfod ac ymneilltuo ynddo'i hun yn gyfraniad allweddol.

Ar y dechrau yr oedd Trefeca yn rhan o'r twf mewn canolfannau lleyg Ewropeaidd, fel Cymuned Iona ei hun. Yn y blynyddoedd cynnar, trwy arweiniad y warden cyntaf, John Tudor, bu ymdrechion i sefydlu Cymuned Weddi Trefeca er mwyn i leygwyr a gweinidogion fod yn rhan o gymdeithas fyddai'n ddylanwad ar gyfeiriad ein heglwysi i'r dyfodol. Mae'r ffaith mai 'Cyfeillion Trefeca' sydd gennym bellach yn ein hatgoffa, oherwydd amgylchiadau y dechreuadau, na fu yr un ymrwymiad ag a fu wrth sefydlu Cymuned Iona. Mae Trefeca yn parhau i fod yn fan cwbwl unigryw fel canolfan encil a hyfforddiant i leygwyr ac y mae cannoedd yn treulio amser yno bob blwyddyn; mae'n ganolfan eciwmenaidd ac mae'n ganolog i'n hetifeddiaeth hanesyddol fel enwad. Efallai mai perthyn i'r dyfodol mae cyfraniad mawr Trefeca (a'r Bala) wrth i batrymau newydd o fod yn eglwys ddatblygu ac i *genhadaeth y croesi ffiniau* ein galw i'r dyfodol. Ffolineb a dallineb ysbrydol i anghydffurfiaeth Cymru fyddai gollwng gafael arnynt.

I'r afael â'r Ysgrythur

A dyma ddod yn ôl at John Bell, a chan swnio braidd yn naïf ac arwynebol dyma ychwanegu am yr eilwaith, o na fyddai gan Gymru ei John Bell hefyd. Mae Bell yn ŵr ôl-eciwmenaidd h.y. mae wedi hen groesi ffiniau enwadol a meddiannu – fel y dylem i gyd – ein holl etifeddiaeth Gristnogol. Ond y mae'n pwysleisio fod yn rhaid i'r meddiannu hwnnw gael ei wreiddio yn y lleol. Mae'n galw ei hun yn 'Gristion Celtaidd', nid yn yr ystyr ei fod yn credu fod yna 'Eglwys Geltaidd' a'i ffurf a'i hanes yn stori glir – niwlog yw'r darlun a darniog a llawn o chwedlau yw'n gwybodaeth – ond am ei fod yn adnabod a gwerthfawrogi'r etifeddiaeth faith a'r dylanwadau sydd arno. Ac yn arbennig ddylanwad Cymuned Iona. Mae galw byd-eang am ei arweiniad ac y mae'n crwydro'r byd i bregethu, cynnal cyrsiau, seminarau a gweithdai addoli. Mae wedi cael gwahoddiad blynyddol i Ŵyl Greenbelt (gŵyl sy'n chwalu ffiniau mewn ffordd gyffrous a chreadigol ac sydd newydd ddathlu 40 mlynedd) ac ychydig iawn sy'n cael gwahoddiad blynyddol! Pan oedd yn gweithio yn Nhŷ'r Gymuned yn Glasgow dechreuodd Bell gyfarfod gydag eraill o'r ddinas – amryw heb gysylltiadau eglwysig – i gynnal grŵp o'r enw Holy City, yn bennaf i feddwl am a thrafod y ddinas a gobeithion ei phobl a'i chymunedau.[11] Aethant ati hefyd nid yn unig i ddarllen y Beibl ond, a dyma ei eiriau, 'engaging with Scripture' er mwyn gweld beth mae Duw, trwy ei bobl a thrwy ei air, yn ei 'ddweud wrthym heddiw yn Glasgow, ein dinas sanctaidd, boed Rangers neu Celtic'. Roedd y pwyslais ar adfer bywyd dinas ac eglwys ac y mae'n bwyslais cwbwl Feiblaidd, wrth gwrs – 'A theml nid oedd ynddi', fel y dywed y Datguddiad, oherwydd nid sôn am y nefoedd yn unig mae'r gwaith rhyfeddol hwnnw. Yr Holy City yn gwneud yr union beth yr oedd MacLeod wedi ei wneud yn Glasgow.

Nid yw Bell yn hoff o gael ei alw'n Arweinydd ond yn hytrach yn weithiwr neu Swyddog Adnoddau i helpu pobl i ddarganfod yr adnoddau sydd eu hangen i greu addoli ystyrlon a Beiblaidd. Onid oes angen swyddog adnoddau felly ym mhob eglwys yn hytrach neu, o leiaf, yn ogystal ag ysgrifennydd y cyhoeddiadau? Mae'n waith pwysig ac yn waith anodd ond mae 'llenwi'r pulpud' am flynyddoedd i ddod yn medru bod yn rhwystr ac yn gaethiwed i fywyd eglwys. Mae Bell yn gwrthod hefyd cael ei alw'n 'global voice', a hynny oherwydd 'mae'n rhaid i'm gwaith gael ei wreiddio yn y man lle rydwyf. Addolwr Albanaidd ydwyf yn gyntaf.' Er mai ynys fechan ym mhen draw Ewrop yw Iona, y mae'r ymdeimlad o Eglwys fyd-eang yn gryf ac yn gyffrous yno. Mae'n ynys nad yw'n ynysu, ond yn croesi ffiniau ac yn ehangu gorwelion ac yn dystiolaeth bod yn rhaid i bob eglwys leol, waeth pa mor fychan, ac ynys waeth pa mor bell, feddwl yn fyd-eang – ond gweithredu'n lleol. 'Mae fy ngwaith,' meddai eto, 'yn datblygu wrth sgwrsio gydag eraill – petawn yn dechrau meddwl amdanaf fy hun fel rhyw "sgwennwr global" fe fyddwn yn colli cynllun a gwead ysbrydol fy mywyd.' Mae'n sôn yn benodol am ysgrifennu caneuon ac emynau ac mae'r ysgrifennu a'r cyfansoddi hwnnw yn dechrau 'o'r gwaelod' ac 'o'r lleol'. Efallai y byddai 'o'r gwreiddiau' yn fwy cywir. Mae llawer iawn o emynau Bell wedi eu sylfaenu ar eiriau a digwyddiadau ym mywyd Iesu e.e. yn yr Adran 'Jesus, one of us' yng nghasgliad *Heaven Shall Not Wait*, Llyfr 1, dyma rai o'r teitlau: 'When to the temple', 'The temptation', 'Hey, my love' (Y gwynfydau), 'I am for you' (pennod gyntaf Ioan).

Yn emynau Bell y mae daearu sylfaenol *trwy* eiriau a gweithredoedd Iesu, yr hyn y mae'n ei alw yn 'the immediacy of Jesus'. Rhoddir yr un pwyslais gan Jürgen Moltmann yn y cylchgrawn *Third Way* (Mehefin 2012) pan mae'n sôn am ddylanwad Efengyl Marc arno yn ystod cyfnod yr Ail Ryfel Byd a'r uffern yr aeth trwyddi: 'It makes Christ more immediate,' meddai. 'He is not so divine as he is in John's Gospel. In Mark's Gospel, he is more your brother.' Dyma 'immediacy' Bell. Meddai mewn cyfweliad yn y cylchgrawn *The Hymn* yn Ionawr 1992: pan ydych yn sôn o hyd amdanoch eich hun, hyd yn oed eich pechodau a'ch beiau a'ch anghenion, boed yn bersonol neu fel eglwys, 'then you lose the edge' ar ddeunydd fyddai'n siarad â phobl sydd wedi eu dieithrio'n llwyr o'r eglwys. Ond dyma'r bobl hefyd sy'n dal gafael, waeth pa mor wan, ar ryw fath o ysbrydolrwydd neu grefydd gwerin sy'n aml yn gysylltiad hiraethus â'u plentyndod. Mae colli'r *edge* yn golygu ein bod yn siarad iaith grefyddol sydd bellach yn gwbwl ddieithr i 95% o bobl. A diwylliant, nid diwinyddiaeth, yw llawer o'n hiaith grefyddol. Nid mater o gyfryngau cyfoes, na gwisg gyfoes, na hyd yn oed ddulliau cyfoes yw'r dasg o gyfathrebu, ond mater o groesi ffiniau geirfa diwylliant ddoe i iaith a diwylliant yr heddiw di-grefydd gyfundrefnol. Mae byw ar yr ymylon (*edge*) yn golygu fod yn rhaid i iaith ein ffydd fod yn ddaearol, yn iaith ofnau a phryderon, llawenydd a thristwch, angerdd a phrotest ein diwylliant cyfoes. Mae'n rhaid iddi ddod o'r gwaelod – ac mae'n blaen. Yn rhyfedd iawn, mae iaith a chaneuon y Salmau yn nes at iaith bywyd na llawer o'r emynau sy'n cael eu canu o hyd ar *Dechrau Canu, Dechrau Canmol*. Does ryfedd bod y Salmau'n boblogaidd gan Bell a does ryfedd bod yna gerddorion cyfoes yn gweld fod yna *edge* wirioneddol iddynt. (Mae'n arwyddocaol mai Bono o'r band U2 ysgrifennodd y cyflwyniad i argraffiad gwasg Canongate o'r Salmau.) Mae'r Salmau, wrth gwrs, wedi bod yn holl bwysig yn nhraddodiad eglwysig yr Alban, fel yng Ngenefa Calfin.

Mae'r cyfoeth hwnnw i'w weld nid yn unig yn yr hyn sy'n wybyddus am seintiau fel Columba ond hefyd yng ngweddïau tyddynwyr, pysgotwyr a gwerinwyr dienw, a gasglwyd ynghyd gan rai fel Alexander Carmichael yn ei gyfrol enwog *Carmina Gadelica*,[12] sy'n cyfleu presenoldeb Duw ym mhopeth. Mae Iesu yn ddigon byw, agos a naturiol yn y cerddi a'r gweddïau hyn i'w alw yn Jesus MacMary! Blas y pridd sydd ar emynau, gweddïau a gwasanaethau Iona. 'Celtic spirituality,' meddai Bell, 'was acoustic. There was no overlay.' Mae hynny yr un mor wir am Bell a'r Wild Goose ac mae'n ystyried mai rhan bwysig o'i swydd fel Swyddog Adnoddau yw i alluogi addolwyr yn eu heglwys leol i ddarganfod eu lleisiau. Mae'n alluogwr sy'n rhoi eu lleisiau yn ôl i'r bobl, ac meddai 'eich lleisiau chi yw'r peth pwysicaf; yna,' meddai, 'mae'r canu yn gwella.' Yn anffodus, mae'r lleisiau hynny'n adnodd coll mewn cymaint o gynulleidfaoedd bychan digalon a di-hyder â phatrwm addoli sy'n gaeth i bedwar emyn ac organ neu biano ac os nad oes organydd yna mudandod sydd yn lle mawl. Mae gan Bell argyhoeddiad dwfn fod pawb wedi cael llais i foli ac y mae'n werth nodi fod mwyafrif o emynau a chaneuon Iona yn ddigyfeiliant.

Megis yn y ddaear?

Un o ysgolheigion Beiblaidd mwyaf cyffrous y blynyddoedd diweddar yw Walter Brueggemann, sy'n llwyddo i groesi'r ffin rhwng yr academaidd/ysgolheigaidd a'r addoli o Sul i Sul. Mae hon yn ffin nad yw gweinidogion a phregethwyr yn llwyddo i'w chroesi yn aml oherwydd nad ydym, efallai, yn ddigon gonest a dewr i wneud hynny. Mae llawer o anwybodaeth ymysg yr 'addolwyr ffyddlon' am bethau sy'n wybyddus ers amser maith am y Beibl, e.e. na ellir edrych ar Efengyl Ioan, na'i darllen, yn yr un ffordd ag

Efengyl Marc. Ond mae Brueggemann wedi pontio'r ffin rhwng yr academi a'r allor oherwydd ei fod, trwy gydol ei yrfa, wedi paratoi gweddi arbennig ar gyfer dechrau pob darlith a seminar oedd yn ymwneud yn benodol â'r rhan o'r Beibl yr oedd yn darlithio arni. (Hen arfer yn ein colegau diwinyddol, wrth gwrs, ond a ddiflannodd gyda'r colegau'n cau a'r staff yn dod yn ddarlithwyr prifysgol.) Yr oedd Brueggemann yn gofalu fod hyn nid yn unig yn rhan o brofiad y myfyrwyr oedd wrth ei draed, ond hefyd yr addolwyr yn ei eglwys leol. Ei gred yw mai dim ond yn awyrgylch gweddi ac addoli y mae dechrau deall yr Hen Destament yn ogystal â'r Newydd. Yr Hen Destament, yn arbennig y proffwydi a'r Salmau, yw maes arbenigol Brueggemann. Mae ôl llafur a pharatoi manwl ar y gweddïau ac mae'r ymchwilio, yr astudio a'r myfyrio yn gymaint rhan o'r weddi ag ydi'r ddarlith. Wrth iddo ymddeol o Gadair yr Hen Destament yng Ngholeg Diwinyddol Columbia yn Georgia, America, fe gyhoeddwyd cyfrolau o'i weddïau. *Awed to Heaven, Rooted in Earth*[13] yw teitl un ac mae'r teitl yn arwyddocaol iawn – nid 'rooted *on earth*' ond '*in earth*'. 'They offer hope,' meddai golygydd y gyfrol, 'to a church whose truth-telling voice has often been muted and tamed.' Er bod gennym erbyn hyn ddulliau a chyfryngau mwy lliwgar a chyfoes i gyfathrebu, mae'r hyn a ddywed Cristnogion yn aml mor ddiflas o ragweladwy, yn syrffedus o ystrydebol, undonog a bland heb unrhyw finiogrwydd, iaith na delweddau newydd. Mae caethiwed i eirfa dduwiol a diwinyddol. Ond mae iaith Brueggemann, fel Bell, yn deilwng o newydd-deb yr efengyl.

Ar wahân i'r caneuon am yr hyn a ddywedodd ac a wnaeth Iesu, mae gan Bell lawer o ganeuon hefyd sydd wedi eu sylfaenu ar *berthynas* Iesu ag eraill. Does dim yn arallfydol ac ystrydebol ynddynt ac ni all rhywun lai na theimlo fod y cyfan, nid yn disgyn o'r nef, ond yn codi o'r ddaear a phrofiadau ein meidroldeb a'n hangen. Mae'n werth nodi rhai enghreifftiau, fel y geiriau hyn am yr Ysbryd sy'n ein hatgoffa mai benywaidd oedd yr Ysbryd yn Aramaeg, mamiaith Iesu:

She sighs and she sings, mothering creation...

For she is the Spirit...
enemy of apathy and heavenly dove.

Neu:

Inspired by love and anger...

A Saviour without safety, a tradesman without tools
Has come to tip the balance with fishermen and fools.

A:

Kiss of life and touch of death suggest our
   imperfection;
crib and womb and cross and tomb cry out for
   resurrection.

Mae'r gân 'A Touching Place' yn un o'r caneuon mwyaf poblogaidd efallai, fel yn y dyfyniad hwn:

> Feel for the lives by life confused
> riddled with doubt,
> in loving abused
> feel for the lonely heart, conscious of sin

a'r gytgan:

> To the lost Christ shows his face
> to the unloved he gives his embrace
> to those who cry in pain or disgrace
> Christ makes with his friends a touching place.

Ond pwysicach eu canu. A phwysicach fyth, nid eu cyfieithu (dwy o'r caneuon yn unig sy'n *Caneuon Ffydd*) ond bod caneuon tebyg yn codi o bridd a daear Cymru. Ystrydebol yw iaith a diddychymyg yw llawer – ond nid i gyd – o'r emynau sydd wedi eu cyfieithu yn sgil yr adnewyddiad carismataidd ers deng mlynedd ar hugain bellach, er bod nifer erbyn hyn wedi cynhesu'r galon a thanio'r dychymyg. Mae edrych e.e. ar 'Adnoddau' ar *beibl.net* ac yn arbennig 'Caneuon Saesneg a gyfieithwyd' a 'Caneuon addoli gwreiddiol yn y Gymraeg' yn dangos, ar y cyfan (ond nid yn llwyr ac mae caneuon eraill i'w cael, wrth gwrs, nad ydynt ar *beibl.net*), iaith draddodiadol grefyddol, boed i blant neu i ieuenctid – mae 'O, mae angen mwy o'r Ysbryd Glân' yn enghraifft. Mae gormod o 'flas crefydd' arnynt heb ddigon o gig na gwreiddiau iddynt. Yn aml iawn, profiadau heb eu daearu sydd iddynt ac nid ydynt yn codi o fywyd a diwylliant cyfoes Cymru. Ond yn fwy na dim, does dim blas yr Efengylau arnynt.

Crist y chwalwr ffiniau

Yn 2009 fe gyhoeddodd Bell gyfrol fechan o'r enw *10 Things They Never Told Me About Jesus: A Beginner's Guide to a Larger Christ*, sy'n atgoffa rhywun o deitl cyfrol enwog Philip Yancey, *The Jesus I Never Knew*. Er gwaethaf y teitl, mae'n gyfrol i'r rhai sydd wedi bod yn addoli ac arddel ffydd ers amser maith. Yn y gyfrol hon mae Bell yn dweud fod Iesu yn aml wedi ei bortreadu fel person goddefol a llonydd, y babi ym mreichiau Mair, y Crist ar y groes neu'r corff ym mreichiau Mair y *Pietà*. Mae'n tynnu sylw hefyd at y ffaith nad yw *geiriau a gweinidogaeth* Iesu wedi eu cynnwys yn y credoau clasurol fel Credo Chalcedon a Chredo Nicea. Y *credoau*, y gred nid y credu, fu'r dylanwad mwyaf o safbwynt bywyd yr eglwys ar hyd y canrifoedd. Y credoau oedd cadernid y parhad. Ond wrth ystyried y gymdeithas sydd bellach wedi dieithrio oddi wrth fywyd yr eglwys, mae'n ddiddorol fod geiriau, gweinidogaeth a dynoliaeth Iesu wedi parhau tu hwnt i ffiniau'r eglwys. Nid yw ei ddynoliaeth wedi ei hanghofio ac ni fydd anghofio arni byth. Mae'n parhau i ddenu ac i ysbrydoli.

Mae dylanwad Paul, wrth gwrs, yn ddwfn ar y traddodiad gorllewinol, ond ofer yw beio Paul am hynny, fel y mae rhai wedi bod yn llawer rhy barod i'w wneud. Llythyrau, wedi'r cyfan, a ysgrifennodd Paul – yn aml ar frys ac at bobl a chymuned arbennig – nid efengyl. Mynegi ei brofiad a'i ddehongliad o ddylanwad chwyldroadol Iesu'r groes a'r atgyfodiad arno y mae, ac er ei bod yn golled na fyddai wedi cyfeirio mwy at fywyd a geiriau Iesu, mae'n bwysig darllen y llythyrau yng ngoleuni'r efengylau. Paul trwy sbectol Iesu, nid Iesu drwy sbectol Paul, yw trefn gras a hanes. Enghraifft dda o ddarllen yr efengylau trwy lygaid Paul oedd gwasanaeth Radio Cymru yn 2012 ar ddameg y Mab Afradlon a gweinidog profiadol yn dweud, yn glir a diamwys, mai y Tad yn y ddameg oedd Iesu. Iesu'n disodli ei Dad! Fe wyddom fod rhai o lythyrau Paul wedi eu hysgrifennu *cyn* rhai o'r efengylau ond nid yw hynny'n rhoi mwy o awdurdod iddynt. Dyma eto beth yw 'ymrafael â'r ysgrythur'. Nid yw hynny'n tanseilio dim ar 'awdurdod yr ysgrythur', oherwydd nid awdurdod 'awdurdodol' ydyw, ond awdurdod Gair y Duw byw sydd, yng ngeiriau'r Ysgrythur ei hun, yn *fyw* ac nid yn eiriau wedi eu hysgrifennu ar garreg: 'Y mae gair Duw yn fyw a grymus' (Hebreaid 4.12).

Mewn pennod arall gyda'r teitl 'Fully equipped' mae Bell yn pwysleisio natur radical yr ymgnawdoliad. Pan anwyd Iesu yr oedd un o bob pedair mam yn marw ar enedigaeth ac un o bob tri o blant yn marw cyn eu geni. A hyn cyn sôn am ryfeloedd ac ambell Herod. Diolch i ymateb a gofal Joseff, fe warchodwyd Iesu yn yr Aifft, ond edau brau iawn oedd i'w fywyd yntau. Dyna ddyfnder dynol yr ymgnawdoliad. Dyma'r ffin eithaf a groeswyd gan Dduw ei hun – o'r tragwyddol i'r meidrol. Does ryfedd mai'r anhawster mwyaf i'r eglwys yn ei blynyddoedd cynnar oedd credu yn ei ddynoliaeth. Ac anhawster mawr i Gristnogion o hyd yw derbyn oblygiadau hynny. Ond i'r rhai sydd ar ffiniau ffydd, ei ddynoliaeth sy'n eu denu ato. Mae digon o ffilmiau, dramâu, peintiadau, cerfluniau, caneuon, cerddi a nofelau yn ystod y blynyddoedd diwethaf sy'n brawf o hynny.

Os nad yw Teyrnas Duw yn croesi ffiniau, nid Teyrnas Duw mohoni. Nid aros i bawb ddod ato mae Iesu'r Deyrnas, ond datguddio fod cariad Duw yn ddiderfynau.

Un ffordd

A dyna ddod yn ôl at ein thema, ffiniau ac arfordir ffydd. Yn 1956 fe gyhoeddodd George MacLeod gyfrol enwog o'r enw *Only One Way Left: Church Prospect*. Mae rhannau o'r gyfrol wedi dyddio, fel sy'n digwydd ac fel y dylai ddigwydd i gyfrolau o'r fath, ond o edrych ar y gyfrol unwaith eto, y pwyslais ar Iesu y Proffwyd sy'n aros, er bod y gyfrol yn trafod Iesu'r Archoffeiriad a'r Brenin hefyd. Yr oedd MacLeod, fel yr ydym wedi pwysleisio, yn ei chael yn anodd i fyw o fewn terfynau ei eglwys, a charu/casáu oedd y berthynas, fel Iesu ei hun gyda'r sefydliad crefyddol ac fel y proffwydi hefyd cyn hynny. Mae sefydlogrwydd yn allweddol i gyfundrefn grefyddol ac yn hynny o beth nid oes fawr o wahaniaeth rhwng yr Eglwys Gatholig Rufeinig ac Anghydffurfwyr Cymru. Ond doedd dim yn ffurfiol, statig a therfynol a does dim 'dal' ar fywyd a thystiolaeth proffwyd. Cymeriadau rhyfedd a gwahanol oeddynt ac nid oeddynt yn petruso, gan gymaint eu sêl dros gyfamod Duw, i danseilio'r gyfundrefn, i fygwth sefydlogrwydd ac i 'siglo'r sylfeini'. Efallai fod hyn yn egluro pam mae Israel heddiw yn fwy parod i sôn am Jerwsalem fel Dinas Dafydd Frenin nag am Jerwsalem fel Dinas Eseia. Mae'n werth nodi hefyd, wrth ystyried llawer o'r gwledydd lle mae'r

Only
One Way
Left

by

GEORGE F. MACLEOD
M.C.   D.D.

eglwysi yn barod i wrthsefyll grymoedd anghyfiawn a militaraidd, fod llai o ddiwinydda ac ysgrifennu am Iesu'r Brenin a'r Archoffeiriad nag am Iesu'r Proffwyd. Ein tuedd fel Cristnogion yw brysio ymlaen i ddweud fod Iesu *yn fwy* na phroffwyd oherwydd fod y Cristion yn credu yn Arglwyddiaeth Crist ac mai ef yw'r Meseia, Mab Duw. Ond fe allasai fod yn hawdd credu ynddo fel Archoffeiriad neu Fab Duw, heb ei gymryd ar ei air fel proffwyd a bod yn barod i'w ddilyn. Pan fydd mudiad wedi ymgorffori'n fudiad mae'n hawdd osgoi galwad y proffwyd ac fe all hynny olygu colli golwg ar ddynoliaeth fawr a meidroldeb brau Iesu. Yn nyfnder ei ddynoliaeth – o Fethlehem i Gethsemane a'r groes – y mae dyfnder ei ufudd-dod a'i ddioddefaint. Nid yw 'ar wahân' i'w bobl fregus ond 'yn un â hwy'.

Dyma'r union bwyslais mae MacLeod a Bell yn ei roi: yr Iesu sydd yng nghanol ei bobl ac oherwydd hynny yng nghanol y byd ac yng nghanol y cread. Yn nyfnder ei ddynoliaeth, nid yn uchder dwyfoldeb, y mae'n datguddio Duw. Trwy ei ddynoliaeth y mae'n datguddio'r dwyfol. Dyna yw ymgnawdoliad radical. Dyma sydd wedi cael ei alw yn 'ymwacáu' – dod, yn nheitl drama rymus Hugh Pierce Jones, yn *"Neb" o Ddyn*. Mae'n ddiddorol mai ar ddiwedd oes faith o adeiladu corff o ddogma rhyfeddol trwy gyfrolau mawr yr oedd Karl Barth (diwinydd mwyaf yr ugeinfed ganrif yn ôl rhai) yn sôn fod Iesu wedi datguddio dynoliaeth Duw!

Nid damcaniaeth yw'r Ymgnawdoliad, ond Duw ar waith yn Iesu ac yn parhau ar waith o hyd. A bywyd o groesi ffiniau yw bywyd Iesu – ffiniau dosbarth, ffiniau crefydd, ffiniau cenedlaethol, ffiniau'r deml – a'r cyfan i groesi'r ffin sy'n drothwy rhwng nef a daear, byd o amser a'r byd tragwyddol. Pwy arall fyddai wedi mentro dweud nad Duw yr Iddewon yn unig oedd Duw, ond Duw yr holl genhedloedd? Fe gostiodd dweud hynny'n ddrud i Eseia a Jeremeia. Fe gostiodd yn fwy i Iesu. Pwy arall fyddai wedi meiddio cwestiynu a beirniadu yr holl gyfundrefn grefyddol ac awgrymu fod Duw ar waith yng nghanol y byd oherwydd mai Ef yw'r Creawdwr, a hynny'n gwneud y 'genedl etholedig' a'r 'deml sanctaidd' yn fân lwch y cloriannau? Fe gostiodd hynny'n ddrud i broffwyd y gaethglud a ysgrifennodd 'Cysurwch, cysurwch fy mhobl…' ond fe gostiodd yn fwy i Iesu. A phwy fyddai wedi mentro dweud fod Duw ar waith trwy bobl nad oedd hyd yn oed yn credu ynddo? Ac onid dyna yw gweithred gyhoeddus olaf ond un Iesu, a hynny'n gwbl fwriadol, wrth iddo fynd i'r deml mewn protest, nid yn unig yn erbyn y masnachu ond oherwydd fod holl gyfundrefn y deml yn codi muriau ac yn gosod terfynau rhwng pobl a'i gilydd a rhwng pobl a Duw?

Y weithred olaf un oedd y croeshoelio cyhoeddus tu allan i'r ddinas, tu allan i'r cylch crefyddol, tu allan i'r parchus a'r derbyniol a'r da, ger tomen sbwriel

Jerwsalem, yn Gehenna. Mae arwyddocâd arbennig i groesi ffiniau ar ddydd Gwener y Groglith. Nid yn unig bod tair iaith ar y groes ond bod y ffin rhwng y 'cysegredig' a'r 'gwrthodedig' wedi ei chroesi hefyd. Ac er bod ymdrechion diddiwedd wedi eu gwneud i ddehongli ac i ddiwinydda am y croesi hwnnw, mae'n rhaid dychwelyd at y tawelwch llethol, ingol a chri angerddol yr addoli ar y ffin: 'Fy Nuw, fy Nuw, paham y'm gadewaist?' Fel y proffwydi o'i flaen, addolwr mawr oedd Iesu o Nasareth. Mae gwir addoli yn gwthio ffiniau i'r eithaf. Ac i'r fan honno y mae'r Efengyl yn ein harwain.

Mae gweddïau George MacLeod yn y traddodiad proffwydol hwnnw. Mae iddynt angerdd ac urddas. Nid gweddïau fel arweiniad i bregeth ydynt ond rhai sy'n tarddu o gymundeb caled, cyson, cythryblus â Duw. Fel Jacob, bu MacLeod hefyd yn brwydro gyda'r angel. Nid gweddïau ystrydebol mohonynt chwaith, ond ysbryd Gethsemane sydd iddynt, sef y plygu, weithiau yn gwbwl anfodlon, i'r Duw sanctaidd ac ofnadwy. Fel y dywedir mewn rhagarweiniad i gyfrol o'i weddïau (*The Whole Earth Shall Cry Glory*), 'If Christ is in all things, everything is every blessed thing, and the political as well as the personal comes under his sovereignty. It is a theology of incarnation and transfiguration.' Fel Columba a'r saint, mae pwyslais mawr ar y Drindod yng ngweddïau MacLeod, ond iaith syml a bywiol addoli ac nid iaith 'athrawiaethol' ydyw. Mae Duw yn Dduw, yn Greawdwr ac yn Dad; mae'n Ysbryd oherwydd Ysbryd yw Duw ar waith yn y byd ac mae wedi ei ddatguddio'i hun yn Iesu o Nasareth. Iaith addoli yn fwy na phopeth arall yw'r Drindod yn y traddodiad Celtaidd. Mae'n tarddu o'r Ysgrythur oherwydd iaith addoli ydyw yn yr Ysgrythur hefyd. Fel yr ydym wedi gweld yn barod yn emynau Bell, mae'n iaith gyhyrog a graenus, y delweddau a'r darluniau yn tanio'r dychymyg a'r teimladau. Nid damwain yw bod cymaint o'r proffwydi yn feirdd mawr a'u geiriau ymysg llenyddiaeth greadigol fawr crefyddau'r byd. Mae'r geiriau i'r glust fel Llyfr Kells i'r llygaid. Dyma ddyfynnu eto:

> His [MacLeod] language is evocative of Columban Iona. The profound spirituality, linked with deep reverence for the earth and the common things of life and the rich imaginative language and unexpected phrase which lights up another aspect of the world.

Yng ngweddïau Iona, mae'r ddaear a'r nef yn dod yn un. Dyna pam eu bod yn weddïau i'w gweddïo nid yn unig o flaen Canolfan Llongau Trident yn Faslane (lle maent *yn* cael eu gweddïo yn gyson yn y protestio yn erbyn grym niwclear Trident), ond hefyd yn eglwysi cadeiriol enwoca'r byd, yn y capel distatlaf yn ucheldiroedd yr Alban a phellteroedd gwlad Llŷn, yn ogystal ag yn nhawelwch Iona. Maent yn cyfannu cread y Creawdwr.

Fe ddywedir yn aml mai ychydig bellach sy'n medru gweddïo yn gyhoeddus o'r frest, fel petai hynny'n drychineb fawr. Y drychineb, yn hytrach, yw y gall gweddïau ein haddoliad cyhoeddus fod yn fewnblyg ac arwynebol neu hyd yn oed yn hunanol o unigolyddol, fel petai gan yr Hollalluog fwy o ddiddordeb ynom ni na neb na dim arall. Mae'n fwy o weddi o'r ogof lle'r ydym yn cuddio nag o'r arfordir lle'r ydym yn troi i gyfeiriad y gorwel. Ac os mai'r Beibl yw sylfaen pob addoliad, fel yr ydym wedi ei bwysleisio, yna tua'r gorwel a thu hwnt i ffiniau y dylai ein golygon fod. A ddaeth yn bryd i ni gydnabod mai'r golled fwyaf i Fethodistiaeth wedi 1811 ac anghydffurfiaeth cyn hynny oedd credu fod diwygio ac anghydffurfio yn golygu ymwrthod â darlleniadur (er ei fod gennym fel enwad yn y *Llyfr Gwasanaethau*) a chalendr a gweddïau sydd wedi eu creu a'u byw ym mhererindod pobl Dduw?

A dyna ddefnyddio'r gair 'pererindod' eto. Fe anwyd Brendan, un o'r hen seintiau, yn Tralee yn Iwerddon yn y flwyddyn 486 a daeth yn Abad mynachlog Clonfert yng nghanolbarth Iwerddon. Yr oedd, meddai'r traddodiad, wedi darganfod America ymhell cyn Christopher Columbus oherwydd iddo hwylio yn ei gwrwgl gyda 14 arall o arfordir gorllewinol Iwerddon i'r gorwel oedd yn ei wahodd ar antur ei genhadaeth. Daeth y gwaith *Mordaith Brendan* yn boblogaidd iawn yn y canoloesoedd pan oedd pererindota'n gyffredin. Ond fe ddaeth yn ôl i Iwerddon, fel yr ŵydd wyllt i'w chynefin. Mae gweddi sy'n perthyn i draddodiad Brendan yn gofyn, 'O Frenin pob dirgelwch, a fentraf i'r môr o'r arfordir hwn? A adawaf ôl fy nhroed ar dywod y traeth? A rwyfaf fy nghwrwgl ar draws y cefnfor mawr? A oes ffiniau eto i'w croesi?'

Pwy a esyd derfyn i ysbryd yr Arglwydd?

A ddaeth y bererindod i ben? Mae pob math o ffiniau wedi eu croesi ar draws y canrifoedd ac y mae'r ddarlith hon wedi ceisio sôn am rai ohonynt sydd wedi bod yn amlwg yn nhystiolaeth Cymuned Iona. Croesi yw calon gwaith yr Ysbryd oherwydd chwalwr ffiniau yn enw ei Dad oedd Iesu. Fe ddyfynnwyd Eseia ar y dechrau: 'Pwy a esyd derfyn i ysbryd yr Arglwydd?' Dyfynnu Eseia a wnaeth Iesu yn ei bregeth gyntaf yn Nasareth, wrth gwrs, sef, yn ôl Luc, dechrau ei fywyd cyhoeddus yn addoli gyda'i bobl, fel y gwnaeth ar hyd ei fywyd. Mae'r darlleniad a roddwyd iddo o eiriau'r proffwyd Eseia yn ein hatgoffa o waith Médicins Sans Frontières. Heddiw, meddai Iesu, mae'r geiriau hyn yn dod yn wir: mae Duw, y Meddyg heb Ffiniau, wedi fy anfon i groesi ffiniau er mwyn dod â newyddion da i'r tlodion a rhyddhad i garcharorion. Yn ei gyflwyniad ardderchog i'r Actau (*Good News in Acts*) mae David L Edwards yn dweud hyn:

Yma, mae'r daith a ddechreuodd yn y bregeth yn Nasareth yn parhau ac y mae'r Ysbryd aflonydd yn ein symud – yn wir, yn ein cario – ar draws ffiniau ac o arfordir i arfordir; mae cylchoedd yn lledu, mae muriau yn chwalu. Nid ydym eto wedi dal i fyny â'r Crist sydd ar y blaen i ni yn datguddio'r deyrnas sydd o fôr i fôr a hyd derfynau lle nad oes terfynau, oherwydd Iesu sy'n Arglwydd.[14]

Mae'n her ac yn alwad gyffrous i ni yn 2014. Ac mae'r ŵydd yn hedfan.

Nodiadau

1   Cyfieithiad 1988.

2   Actau 7.

3   O'r gerdd 'Pilgrimages'.

4   *A History of Christianity* (2010).

5   *Colonies of Heaven* (2000).

6   2 Timotheus 2.9 ('ond nid oes carchar i ddal gair Duw').

7   'Y Creawdwr Hollalluog' (diweddariad), *Blodeugerdd Barddas o Ganu Crefyddol Cynnar*, gol. Marged Haycock (Cyhoeddiadau Barddas, 1994).

8   'Cyntefin Ceinaf Amser' (lled ddiweddariad), *Blodeugerdd Barddas o Gerddi Crefyddol*, gol. Medwin Hughes (Cyhoeddiadau Barddas, 1993).

9   'Rhodia, wynt', *Dail Pren* (Gwasg Aberystwyth, 1971).

10 (University of Wales Press, 1999), t. 161.

11 Mae'n werth dyfynnu y geiriau hyn o'r wefan *www.holycity-glasgow.co.uk*:

Holy City
A monthly event, a rendezvous of faithful folk, curious enquirers and compelling doubters, drawn from the whole, glorious spectrum of Christian traditions, their edges and beyond. All are welcome, irrespective of creed, practice or preference.

[12] Gweler *Praying with Highland Christians* (Triangle, 1988).

[13] (Fortress Press, 2003).

[14] Cyfieithiad yr awdur; (Fontana, 1974).

Llyfryddiaeth

Aled Lewis Evans, *Amheus o Angylion* (Cyhoeddiadau Barddas, 2001).

Amrywiol, *Caneuon Ffydd* (Pwyllgor y Llyfr Emynau Cydenwadol, 2001).

David Adam, *Border Lands* (SPCK, 1995).

Densil Morgan, *The Span of the Cross* (Gwasg Prifysgol Cymru, 1999).

Esther de Waal, *Lost in Wonder* (Canterbury Press, 2003).

Esther de Waal, *To Pause at the Threshold* (Canterbury Press, 2001).

Esther de Waal, *Living on the Border* (Canterbury Press, 2001).

George F Macleod, *Only One Way Left* (Wild Goose Publications, 2006).

George F Macleod, *The Whole Earth Shall Cry Glory* (Wild Goose Publications, 2007).

George Roger Dunbar McLean, *Praying with Highland Christians* (Triangle, 1988).

John Bell, *States of Bliss and Yearning* (Wild Goose Publications, 1998).

John Bell, *10 Things They Never Told Me About Jesus* (Wild Goose Publications, 2009).

John Bell, *Heaven Shall Not Wait* (Wild Goose Publications, 1987).

J T Jones a Harri Parri (gol.), *I Gofio J.P.: Cyfrol Deyrnged* (Tŷ ar y Graig, 1971).

Neil Paynter, *This is the Day: Readings and Meditations form the Iona Community* (Wild Goose Publications, 2003).

Noel Dermot O'Donoghue, *The Mountain Behind the Mountain* (T&T Clark, 1999).

Patrick Thomas, *Candle in the Darkness* (Gomer, 1992).

Peter Berger, *A Rumor of Angels* (Doubleday & Company, 1970).

Philip Yancey, *The Jesus I Never Knew* (Zondervan, 1995).

Ronald Ferguson, *Chasing the Wild Goose* (Wild Goose Publications, 1998).

Ronald Ferguson, *George Macleod* (Wild Goose Publications, 1990).

Walter Brueggemann, *Awed to Heaven, Rooted in Earth* (Fortress Press, 2003).